Lectura y Escritura Entretenida

Lectura y Escritura Entretenida

Componentes de lectura y escritura que todo alumno debe conocer
para entretenerse.............y su maestro(a) también.

René Hernández

Ilustraciones

Rodrigo Hernández

Para realizar pedidos de este libro, contacte con:
Bilingual Educational Service
ventas: www.bilingualeducationalservices.com
Palibrio LLC
1663 Liberty Drive
Suite 200
Bloomington, IN 47403
Gratis desde EE. UU. al 877.407.5847
Gratis desde México al 01.800.288.2243
Gratis desde España al 900.866.949
Desde otro país al +1.812.671.9757
Fax: 01.812.355.1576
ventas@palibrio.com
495736

ÍNDICE

CONTENTS

"Para viajar lejos, no hay mejor nave que un libro"

"There is no frigate like a book to take us lands away"
Emily Dickinson.

Niños y niñas,

Leer y escribir es muy entretenido. Cuando lees historias tu mente viaja por lugares, tiempos pasados, presentes y futuros. Conoces personas que quizás nunca verás realmente en tu vida. Sin embargo la lectura te llevará a verlos moverse, además de oírlos cantar y hablar. Sabrás como piensan y actúan. Podrás saborear cosas que jamás has puesto en tu boca. Sentirás aromas y con tu piel experimentarás texturas y formas. Cuando lees ríes, lloras, te enojas, etc., todo eso con personajes que solo están en tu imaginación, dentro de tu mente. ¿No te parece fantástico?

A través de este texto aprenderás a usar tu imaginación y creatividad para viajar por mundos reales e irreales. Y no solo eso, también podrás usar toda esa maravillosa imaginación para crear tus propias historias. Podrás contar a otros tus sueños y fantásticos mundos que algunas vez has creado en la oscuridad de tu cuarto antes de dormirte. Solo debes poner un poco de tu esfuerzo y con este libro podrás aprender a crear mundos y contárselo a los demás. Espero que creas en ti y llegues a ser un(a) gran lector(a) y excelente escritor(a). Si tienes dudas pregúntale a tu maestro o maestra para sacarle el mayor provecho a este texto.

Dear boys and girls,

Reading and writing is so much fun. When you read stories, your mind travels to different places and times, both past, present, and future. You meet people that perhaps you would never even see in real life. Not only do you hear them talk and sing, through reading, they come alive and you actually see them move. You'll know how they think and behave. You taste foods you have never put in your mouth before. You smell all kinds of things, and your skin experiences different textures and sensations. When you read, you laugh, cry, get angry, etc…You experience all that with people who are only in your imagination, living inside your mind. Doesn't that seem fantastic?

This book will teach you to use your imagination and creativity to travel to distant worlds, real and imaginative. Not only that, you will be able to use that marvelous imagination to create your own stories. You can tell others about your dreams and about fantastic worlds that sometime you have created in the darkness of your room while sleeping. You only have to put forth a little effort, and with the help of this book, you will know how to create different worlds and be able to tell others about them. I hope you believe in yourself and become a great reader and an excellent writer. If you have any doubts or questions, ask your teacher for help to be able to take full advantage of this book.

Padres y maestros(as),

El presente ejemplar tiene por objetivo servir de ayuda a los maestros de educación bilingüe, inglés-español, y a los padres, en la preparación de sus alumnos e hijos respectivamente, para tener una eficiente comprensión de lectura, así como en la creación en el proceso de escritura.

Este trabajo presenta en forma separada algunos de los más importantes componentes de un texto narrativo o expositivo, los cuales, generalmente, en el contexto global no son identificables por parte de los estudiantes. Al ser tratados en forma individual, hará que los alumnos puedan identificarlos, con mayor facilidad en un texto, además de saber usarlos cuando escriban sus propias creaciones literarias.

La experiencia del autor, enseñando Lectura y Artes del Lenguaje en clases bilingües inglés- español, en Texas, por más de una década, le ha mostrado el camino a seguir, atacando los mayores obstáculos que enfrentan tanto maestros, desde el punto de vista de la enseñanza, como de los alumnos desde la perspectiva del aprendizaje.

Por otro lado, este trabajo ha sido pensado y creado desde el punto de vista de la cultura y civilización hispana. En su mayoría, los ejemplos o componentes presentados en este libro han sido meditados y escritos desde la perspectiva hablante hispana castellana. Por lo tanto, será mucho más fácil acceder a la enseñanza y aprendizaje de este material, de cualquier profesor o alumno respectivamente, cuya cultura materna sea de origen hispano hablante. En otras palabras, nada que se encuentre en este texto ha sido producto de la traducción de textos o material originalmente publicado en inglés u otra lengua.

Finalmente, es mi deseo que este material sirva para que nuestros alumnos hispanos puedan crecer y acceder a un mundo globalizado, donde la interdependencia cultural hace cada día más difícil la conservación de la cultura propia.

René Hernández.
Bilingual Educational Services
Houston, Texas.

Dear Parents and Teachers,

This book was written with the objective to help bilingual teachers and parents in preparing children to have an efficient understanding of reading, as well as understanding the writing process. This book presents in different ways some of the most important elements of narrative and expository text, which, generally, are not easily identified by students. Studying each element separately and individually, students will learn how to identify the elements easier in text, as well as how to use these elements in their own literary creations.

The author's experience, having taught Reading and Language Arts in Spanish-English bilingual classes in Texas for more than a decade, has shaped the way forward, taking on the biggest obstacles faced by many teachers, from the teaching point of view as well as the obstacles faced by students, from the learning point of view.

Furthermore, this work has been designed and created from the point of view of the Hispanic culture and civilization. For the most part, examples or elements presented in this book have been thought of and written from the perspective of the Castilian Spanish speaker. Therefore it will be much easier for any teacher or student whose personal culture is of a Spanish-speaking origin to benefit from the teaching and learning of this material. In other words, nothing in this text has been produced by translating original materials from English or any other language.

Finally, it is my desire that this material serves to help our Spanish-speaking students grow and adapt to a global world, where cultural interdependence makes it more difficult each day to preserve one's own culture.

Bilingual Educational Services
Houston, Texas.

DIÉRESIS

La "u" es vocal del todo especial, pues lleva corona, princesa real.
En ciertas palabras ella es muy pomposa, con doble corona, así es la cosa.
Si estudias las reglas podrás coronarla, cremillas le pones para decorarla.
Se le llama diéresis, muy particular, en lengua española, te voy a enseñar.

En combinaciones de "gui" o de "gue" la "u" es mudita no suena ni ve.
Por ejemplo guerra o guitarra se escriben, con la letra "u" que no habla ni gime.
Esa es una regla de nuestro idioma, si la "u" no suena, no lleva corona.
Pero hay otros casos que son diferentes, la reina aparece de lado y de frente.

Pingüinos y también las *cigüeñas*, llevan a la "ü" que es reina *halagüeña*.
Ahí sí que suena, y habla y canta, con doble corona la "ü se levanta.
Hay muchas palabras de la realeza, donde se destaca la "u" con fineza.
Así como ves, la "u" es especial, es de una familia de alcurnia real.

En regla de diéresis, hay muchas palabras, aquí te las muestro para disfrutarlas.
Si tienes un perro que es muy juguetón, te da *lengüetazos* te moja el mentón.
Y si hablas inglés y también francés, tu eres *bilingüe*, que fácil, ¿lo ves?
Si haces negocios vendiendo las frutas, con *pingües* ganancias la vida disfrutas.

Si vas por la calle, tropiezas de pronto, ¡pero qué vergüenza!, te sientes un tonto.
Cuando llueve harto con los temporales, *agüita* que corre por los ventanales.
Y la *zarigüeya* es un animal, se mete en *desagües* y come tamal.
Ahora termino con esta lección, con diéresis sabes como es la cuestión.

Para estudiar y recordar

Diéresis

Diéresis es el signo ortográfico que se pone sobre la *u* en las sílabas *gue* o *gui*, y que indica que la *u* debe pronunciarse. Este signo ortográfico consiste en dos puntos que se ponen, en forma horizontal, sobre la letra u, de la siguiente forma: **güe** o **güi**. Estos puntos también se denominan, en algunos textos, cremillas.

Recuerda que solo se debe usar en las combinaciones de las sílabas *gue* o *gui*, para que la *u* se pronuncie. Por ejemplo en la palabra **bilingüe**, por llevar diéresis en la sílaba güe, la u se pronuncia. Lo mismo ocurre en la palabra **lingüística**, donde la u se pronuncia por llevar diéresis.

Si la sílaba *gue* o *gui* no llevan diéresis, entonces la *u* no se pronuncia. Por ejemplo la palabra **guerra**. En este caso la u no se pronuncia por no llevar diéresis. Lo mismo ocurre con la palabra **guitarra**.

Jamás se usa diéresis en las combinaciones "gua" o "guo", en cuyos casos la u siempre se pronuncia, por lo tanto no necesita llevar este signo ortográfico. Es decir, en todas las palabras con las sílabas "gua" o "guo", la u se pronuncia. Por ejemplo: antiguo, enagua, guardar, ambiguo, etc.

Ejemplo de palabas con diéresis

güi
yegüita
lingüística
argüir
paragüita

güe
vergüenza
antigüedad
lengüeta
zarigüeya

To study and remember

Dieresis

The "dieresis" is a written symbol placed over the "u" in the syllables "gue" or "gui" to indicate that the "u" must be pronounced. This written symbol consists of two dots placed horizontally over the "u" in the following way: "güe" or "güi." (you'll have to specially type this symbol or write it in before it gets copied) Those dots are also called "cremillas" in certain text.

Remember that the "dieresis" should only used in the syllables "gue" or "gui" when the "u" must be pronounced. For example, in the word "bilingüe," because the syllable "güe" has dieresis, the "u" is pronounced. The same thing is true of the word "lingüistica," where i'ts clear the "u" is pronounced because of the "dieresis."

If the syllable "gue" or "gui" des not have a "dieresis," the "u" is not pronounced. For example, in the word "guerra," the "u" is not pronounced, because it does not have a "dieresis." The same thing is true of the word "guitarra."

The dieresis is *never* used in the syllable combination "gua" or "guo." In those cases, the "u" is always pronounced even though it doesn't need to have that special written symbol, the "dieresis." So we learn that in all Spanish words with the syllables "gua" or "guo," the "u" is always pronounced. See examples: "antiguo, enagua, guardar, ambiguo, etc…"

Examples of Words with a "Dieresis"

güi	*güe*
yegüita	vergüenza
lingüística	antigüedad
argüir	lengüeta
paragüita	zarigüeya

Para escribir y crear . . . .

Completa los siguientes textos escribiendo una palabra con diéresis y que siga la lógica de cada historia. Usa las palabras de la siguiente lista:

desagüe	agüita	vergüenza	cigüeña	bilingüe	pingüinos	antigüedad

En la clase de cuarto grado, de la maestra Gómez, los alumnos hablan inglés y español, es decir es una clase _____. A los alumnos les gusta mucho la clase de ciencias. Esta semana estudiarán acerca de los animales que viven en un medioambiente frío, como los osos polares y los _____.

Ayer pase una de las _____ más grandes de mi vida. Iba camino a la escuela y hacía tanto calor que deseaban tomar un vaso de _____ helada para calmar mi sed. Entonces, vi a una señora que regaba sus plantas y le dije si podía beber de la manguera. Me acerqué y no me di cuenta que el piso estaba mojado, resbalé y caí sobre un charco. Ni les digo como se reían los demás estudiantes que iban pasando y vieron como quedé todo mojado.

El agua es un recurso muy escaso, al que no le damos la importancia que requiere. A veces, por ejemplo, al lavarnos los dientes dejamos que el agua corra mientras nos cepillamos, dejándola irse por el _____. A muchos de nosotros debería darnos _____ por la forma como desperdiciamos uno de los recursos más preciados como es el agua.

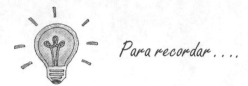

Para recordar . . . .

Escribe una oración usando diéresis en la combinación **güe**

```



```

Escribe una oración usando diéresis en la combinación **güi**

```



```

Completa la siguiente oración escribiendo la palabra con diéresis de acuerdo al dibujo.

El _____ caminaba sobre el hielo y parecía que no le molestaba el frío.

Completa la siguiente oración escribiendo la palabra con diéresis de acuerdo al dibujo.

La blanca _____ hizo su nido sobre la chimenea.

Para practicar....

Mira las siguientes ilustraciones. Piensa y escribe una oración con la imagen. Compártelo con tu maestro(a) o tus compañeros(as) de clases.

_____

_____

_____

Felicitaciones, ahora sabes usar muy bien las palabras con diéresis.

LENGUAJE FIGURADO

Lenguaje en figuras tu usas a diario, cuando tu conversas para ser más claro.
Metáfora o símil, exageración, también usas la personificación.
Tus ojos son dulces, corres como un rayo,
un millón de gracias, me como un caballo.
Son todos ejemplos, pues le dan color, y cada mensaje tiene más sabor.

Hay unos muy obvios, otros no tan claros, pero si lo estudias sabrás encontrarlos.
Tu mami te dice, "¡limpia el dormitorio, pues es un chiquero lleno de microbios!"
Pues eso no es cierto, tan lleno no está, si no, no podrías ni siquiera entrar,
Está exagerando para tu entender, que traigas la escoba y el cuarto barrer.

Hay unos parece mucha hambre traer y quieren la vaca y un toro comer.
Otros que sedientos parecen venir y dicen, "¡me bebo de agua un barril!"
No falta el romántico que dice a su esposa,
"¡eres una estrella brillante y hermosa!
También el ladrón robando en la plaza y así lo cazaron,
manos en la masa.

Hay muchos ejemplos, figuras por mil, hay dichos, refranes, poemas sin fin.
También tu los puedes pensar y crear, y así vas haciendo más rico el hablar.
Ahora termino, pues sueño me dio, ya es tarde y oscuro, la noche avanzó,
Me voy a mi cama que es como la mar, suave como el cielo, blanca como sal.

Para estudiar y recordar

Lenguaje figurado es usado en escritura o lenguaje oral para enriquecer el mensaje, dándole una dimensión abstracta o simbólica, pero claramente entendible por la audiencia.

En este estudio se describirán cinco de las formas más usadas de lenguaje figurado, las que podemos identificar claramente en el hablar diario de las personas a través de la conversación informal, discursos formales, información y cualquier forma de comunicación, ya sea oral o escrita.

1. <u>**Símil:**</u> Es una comparación indirecta entre un elemento real y uno simbólico o imaginario, en una relación de semejanza, donde las palabras "**como**" o "**cual**" son el punto de articulación entre los elementos comparados.

"<u>Tus ojos</u> son **_como_** dos <u>llamas de fuego</u> cuando te enfureces"

"<u>Tu grito</u> es fuerte **_cual_** estruendoso <u>trueno</u> cruzando el cielo"

2. **Metáfora**: Es una comparación directa entre un elemento real y uno simbólico o imaginario, en una relación de semejanza. En una metáfora no se usan las palabras "como" o "cual".

El profesor de ciencias es un libro abierto lleno de sabiduría.

3. **Hipérbole**: Es la forma de lenguaje figurado que exagera la realidad de un elemento o acción. Esta exageración puede ser aumentativa, es decir hacia lo grande, o diminutiva, hacia lo pequeño.

Con el susto que me diste **salté hasta las nubes**.

Hipérbole (exageración) aumentativa.

Cynthia come tan poco que **con una miga de pan se llena**.

Hipérbole (exageración) diminutiva.

4. **Personificación**: La personificación es la forma de lenguaje figurado en que se les atribuyen características humanas a los seres vivos no humanos o a las cosas inanimadas, es decir sin vida. Estos atributos, o características humanas, pueden ser sentimientos o acciones, usadas para crear una relación de identificación de los personajes de una historia de ficción, por ejemplo, con el mundo real.

La **silla gimió** cuando la señora se sentó sobre ella.

Los **árboles danzan** mientras las **hojas cantan** al viento.

5. **Onomatopeya**: Onomatopeya se refiere al uso escrito u oral de una palabra, o un grupo de palabras, que al ser escritas o pronunciadas imitan el sonido de lo que quiere describir. **(Para mayor comprensión de este componente, ver capítulo 6, "Onomatopeya")**

"*Grrrrrrrrrr*", gruñía el tigre al acercarse a su presa.

"*Shhhhhhhh*", sonaba la lluvia al golpear contra el pavimento.

To Study and Remember

Figurative language is used in writing or oral language to enrich the message, giving it an abstract or symbolic dimension that can also be clearly understood by the the audience.

In this lesson, we will discuss five of the most common figures of speech that can be clearly identified in people's daily speech whether it be oral or written, whether it be informal conversation, formal discourse, general information, or any other form of communication.

1. **Simile** — an indirect comparison between a real and a symbolic or imaginary element, in a relationship of similarity, where the words "like" or "as" are the keys between the comparative elements.

   "Your eyes are like two flames of fire when you get angry."

   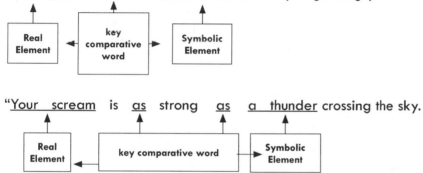

   "Your scream is as strong as a thunder crossing the sky.

2. **Metaphor** — a direct comparison between a real and a symbolic or imaginary element in a relationship of similarity; in a metaphor, you do not use the words "like" or "as".

   The science teacher is an open book filled with knowledge.

   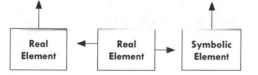

3. **Hyperbole** – the figure of speech that exaggerates the reality of an element or action. This exaggeration can be augmentative, or in other words, it makes the reality much bigger OR the exaggeration can be diminutive—it can make the reality much smaller

It scared me so much, I jumped **all the way to the sky.**

> **Hyperbole**
> **Augmentative Exaggeration**

Cynthia eats so little that she gets **full with one crumb of bread**

> **Hyperbole**
> **Diminutive Exaggeration**

4. **Personification** – the figure of speech that gives human qualities to nonhuman things or inanimate things—things without life. These attributes, or human characteristics, can be feelings or actions, used to create an identifying relationship between characters in a fictional story, for example, with the real world.

The <u>chair moaned</u> when the lady sat down on it.

> **Personification**

The <u>trees dance</u> while the <u>leaves sing</u> in the wind.

> **Personification**   **Personification**

Explica y da un ejemplo de **Símil**.

Explica y da un ejemplo de **Metáfora**.

Explica y da un ejemplo de **Hipérbole**.

Explica y da un ejemplo de **Personificación**.

Explica y da un ejemplo de **Onomatopeya**.

Para escribir y crear....

Completa los siguientes textos escribiendo alguna forma de lenguaje figurado que siga la lógica de la historia.

Mi mamá siempre me regaña porque no limpio mi cuarto. Siempre exagera diciendo
"_____". Claro, no niego que a veces está sucio como
un _____, pero si me dedico a limpiar, en un _____ segundos lo dejo
limpio como un _____. Sin embargo, a mi hermano no le dice nada, y eso que él es
un _____ cuando come en su cuarto. Deja todo tirado. Platos, vasos y cucharas, están
ahí, a veces por una semana y nadie le dice nada.

A Carlos le encanta la comida mexicana. El puede comer tacos con tanto chile, que cuando se
come uno le sale fuego por la _____ y humo por la_____. Yo no puedo comer comida tan
picante, porque si me ponen jalapeño en mi comida mi lengua se pone como _____ y yo
me pongo rojo como _____.

María es muy buena para correr. Ella es un _____ cuando compite en las carreras de la
escuela y nadie le puede ganar. A mí me gustaría ser como ella pero yo soy una _____ y
todos me ganan. Pero si hay algo en lo cual nadie me gana es en cantar. Mi maestra de coro dice
que soy como una _____ y que canto muy bien.

Para practicar . . . .

Mira las siguientes situaciones. Piensa y escribe una oración usando lenguaje figurado sobre las líneas. Compártelo con tu maestro(a) o tus compañeros(as) de clases.

_____

_____

_____

_____

_____

_____

Felicitaciones, ahora eres un excelente escritor de lenguaje figurado.

LENGUAJE SENSORIAL

Los seres humanos tenemos sentidos, los cuales usamos de modo extendido.
El gusto, el oído, el tacto y la vista, también el olfato es larga la lista.
Pero no es difícil, ¿sabes lo que pienso? Mostrar cada uno, es decir lo que siento.
Manos a la obra, usar los sensores, sentidos abiertos, muy claro señores.

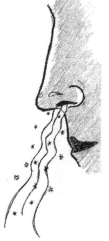

Si siento un aroma al viento venir, ese es el olfato que lo hace sentir.
Las fosas nasales son el caminito, que usa el olfato de modo finito.
Perfume agradable o fétido olor, no importa es el mismo olfato en acción.
Si sientes olores, la nariz los capta, olfato el sentido que el aroma rapta.

El tacto en la piel, el más extendido, tocar es uno de los cinco sentidos.
Es frío o tibio, es áspero o suave, el tacto lo indica por si no lo sabes.
Si te da cosquillas, al tacto da risa, pero si te quema, la piel te lo grita.
Si el viento está fuerte o suave la brisa, tu piel con el tacto, también te lo indica.

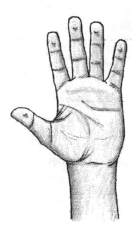

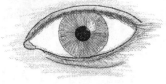

La vista te muestra lo que pasa afuera, tu ves los colores de otra manera.
También ves las formas o si algo se mueve, si el cielo es azul, o blanca la nieve.
Mirar las montañas o ver las praderas, cuadrado o redondo o si es de madera.
Los ojos, ventanas de un mundo precioso, la vista el sentido y ves todo hermoso.

Y el otro sentido que es sabrosón, el gusto en la lengua te dice un montón.
Te informa si es dulce, o agrio, o salado, también si está rico o malo el pescado.
Las cosas son ricas según el sabor, la lengua te muestra si es rico el bom-bom.
Amargo, picante, o está sin sabor, entonces mamita póngale sazón.

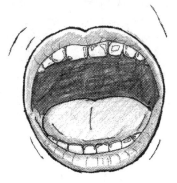

Al son del sonido se activa el oído, escuchas las notas o todos los ruidos.
Es la audición la que te lo muestra si es música rock o si esta es selecta.
Si escuchas las hojas volar con el viento, entonces tu oído está muy atento.
Si es ruido de auto, de tren o de avión, todo te lo dice una buena audición.

Así los sentidos todo te lo muestran, te llevan a un mundo con la puerta abierta.
Oler o escuchar, mirar o tocar, sabores probar, todo esto es genial
Si algo está rico o no huele bien, o si está caliente lo sabes también.
Quizás si la música suena agradable, o si el pajarito vuela por el aire.

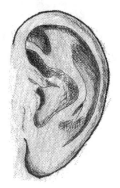

Para estudiar y recordar

Lenguaje Sensorial

El lenguaje sensorial es aquel que te informa sobre el mundo que te rodea. Los sensores, es decir los órganos que te dan la información, son el ojo (vista), el oído (audición), la piel (tacto), la lengua (sabor) y la nariz (olfato). También se consideran los sentimientos como parte del lenguaje sensorial, aunque de una manera abstracta o subjetiva, ya que te informan sobre el sentir interno, mental o espiritual de una persona.

En este estudio se describirán los cinco sentidos usados en el lenguaje sensorial, las que podemos identificar claramente en el hablar diario de las personas a través de la conversación informal, discursos formales, información y cualquier forma de comunicación, ya sea oral o escrita.

1. **Visión (ojo):** la visión muestra lo que la persona ve o mira. Hacemos clara distinción entre los verbos ver y mirar. Ver indica una acción voluntaria e interesada de la acción de observar algo. También se puede definir como una forma de observar con razonamiento o análisis. Mirar, en cambio, indica la acción de dirigir la vista en forma involuntaria, indiferente o al azar. Otros verbos usados que indican la acción de ver o mirar (algunos con mayor cercanía al significado de estos) son: observar, ojear, otear, contemplar, atisbar, divisar, vigilar, examinar, fisgar, curiosear, admirar, revisar. Lee los siguientes ejemplos, fíjate en los verbos:

A lo lejos se podía **_ver_** el humo de las chimeneas de los barcos acercándose al puerto.

Los alumnos **_observaban_** con mucho interés las células a través del microscopio.

Me encanta **_mirar_** las montañas nevadas en invierno.

2. **Audición (oído):** la audición nos acerca al mundo de los sonidos. Al igual que en el caso anterior hacemos clara distinción entre los verbos oir y escuchar. Escuchar indica una acción voluntaria e interesada de la acción de captar algo. También se puede definir como una forma de percibir auditivamente con razonamiento o análisis. Oír es el simple hecho de usar el oído para percibir los sonidos en forma involuntaria, indiferente o al azar. Otros verbos usados que indican la acción de oír o escuchar (algunos con mayor cercanía al significado de estos) son: captar, percibir, notar. Lee los siguientes ejemplos, fíjate en los verbos:

A lo lejos se **_oían_** los aullidos de los lobos en el bosque.

Entre el ruido de la muchedumbre trataba de **_escuchar_** la música de la iglesia.

Aunque a muy bajo volumen, se podían **_captar_** los cantos de las aves al pasar.

3. **Tacto:** Este sentido es el más extendido en los seres vivos, ya que se encuentra a través de toda la piel. También es el sentido que capta la mayor cantidad de sensaciones como calor y frío,

mojado y seco, texturas como áspero o suave, formas como esférico o cúbico, materiales como metal, madera, plástico, etc. Lee los siguientes ejemplos:

Con mis manos podía palpar las **_suaves_** plumas de la paloma.

El **_congelante_** viento del norte nos hizo retroceder y volver al campamento.

El niño tenía la piel tan **_áspera_**, que su madre le puso mucha crema suavizante.

4. **Sabor (lengua)**: El sabor es el sentido que informa sobre la cualidad, principalmente, de los alimentos. Nos dice si algo es dulce o salado, agrio o amargo, etc. Lee los siguientes ejemplos:

El pastel de manzanas estaba deliciosamente **_dulce_** con un **_suave sabor_** a canela.

Las ciruelas estaban demasiado **_ácidas_** porque aún estaban verdes.

5. **Olfato (nariz)**: El olfato es el sentido que informa acerca de olores, aromas, perfumes, etc. Nos dice si algo es agradable o nauseabundo, si es hediondo, fétido o perfumado. Lo podemos usar captando la información directamente de los objetos o por el aire que transporta los olores desde grandes distancias. Lee los siguientes ejemplos:

Al pasar por la fábrica de harina de pescado, el **_fétido olor_** a pescado podrido era insoportable.

Cuando Jacky pasó por mi lado pude **_apreciar el suave olor_** a perfume fresco como un jardín.

Los perros **_olían_** como si no se hubiesen bañado por meses.

To study and remember

Sensory Language

Sensory language is the language that informs you of the world around you. The sensors, that is to say the organs that give you the information, are the eyes (sight), the ears (hearing), the skin (touch), the tongue (taste), and the nose (smell). The senses are also considered part of sensory language, although from an abstract or subjective way, since they inform you of the internal, emotional or mental feeling of a person.

In this lesson, the five senses used in sensory language will be described--the ones we can clearly identify in people's daily speech, through informal conversation, formal discourses, general information, and any other type of communication, whether it be oral or written.

1. **Vision (Eyes) —** the sense of sight informs a person what he is seeing or watching. Let's make a clear distinction between the verbs "to watch" and "to look." "To watch" indicates a voluntary and interested action that comes from seeing something. It can also be defined as a form of observation with rationalization or analysis. "To look" on the other hand, indicates the action of directing the eye somewhere involuntarily, indifferently, or randomly. Other verbs that are used to indicate the action looking or watching (some have a greater proximity to the meaning of looking or watching) are as follows: to observe, to browse, to scan, to contemplate, to spy on, to descry, to stake out, to examine, to snoop on, to poke around, to admire, to review.

   From far away, you could **see** the smoke from the stacks of the boats nearing port.

   The students carefully **observe** the cells throught the use of the microscope.

   I love to **see** snowy mountain in the wintertime.

2. **Hearing (Ears) —** our sense of hearing brings us closer to the world of sound. As in the previous section, we must make clear the distinction between the verbs "to listen" and "to hear." The verb "to listen" indicates a voluntary and interested action with the intention to capture something. It can also be defined as a way of perceiving something auditorily with reason or analysis. "To hear" is the simple act of using our ears to perceive sounds in an involuntary, indifferent or random way. Other verbs used to indicate the action of listening or hearing (some have a greater proximity to the meaning of listening or hearing) are as follows: to catch, to perceive, to note. Read the following examples and note the verbs used:

   From a great distance, you could **hear** the howls of the wolves in the forest.

   In the midst of all the noise from the crowd, we tried to **listen** to the music from the church.

   Even though it was very soft, you could **catch** the songs of the birds passing by.

3. **Touch (Skin)** – This sense is the most extensive in human beings, since it comes from the entire skin. It's also the sense that receives the majority of sensations such as heat and cold, dry and wet, as well as textures such as rough or soft, forms such as spherical or cubic, and materials such as metal, wood, plastic, etc.. Read the following examples:

With my hands, I could stroke the dove's **soft** feathers.

The **freezing** wind of the north made us retreat and go back to the campsite.

The child's skin was so **rough**, his mother slathered moisturizing cream all over him.

4. **Taste (Tongue)** – Taste is the sense that principally informs us about the quality of our food. It tells us if something is sweet or salty, sour or bitter, etc.. Read the following examples:

The apple pie was deliciously **sweet** with a subtle hint of **vanilla**.

The plums were much too **tart** because they were still not ripe.

5. **Smell (Nose)** – The sense of smell informs us about odors, aromas, fragrances, etc...It tells us if something is pleasant or nauseating, if it's smelly, fetid, or perfumed. We can use it to capture the information directly from the source or from the air which transports the smells from great distances. Read the following examples:

Passing by the fishmeal factory, the **fetid stench** of the rotting fish was unbearable.

When Jackie passed by, I could appreciate the **subtle scent** of fresh perfume like a garden.

The dogs **smelled** like if they hadn't been bathed for months.

Para recordar....

Contesta las siguientes preguntas

Explica y da un ejemplo de *Visión*.

Explica y da un ejemplo de *Audición*.

Explica y da un ejemplo de *Tacto*.

Explica y da un ejemplo de *Sabor*.

Explica y da un ejemplo de *Olfato*.

Para escribir y crear . . . .

Completa los siguientes textos escribiendo alguna forma de lenguaje sensorial que siga la lógica de cada historia.

Cuando nos acercamos a la jaula de los gorilas, se podía sentir el _____ olor de sus cuerpos. La verdad es que no pude estar mucho tiempo, hasta que tome un pañuelo, le puse un poco de _____ que llevaba en mi bolso y lo puse sobre mi nariz. Así pude estar más tiempo admirando a esos impresionantes animales.

Las llamas del incendio se podían _____ desde gran distancia. De pronto _____ pasar los carros de bomberos a gran velocidad y pude _____ que mucho bomberos iban ya con sus trajes puestos para combatir el fuego.

El profesor de ciencias nos advirtió que nos pusiéramos guantes antes de tocar los diferentes líquidos. Como no lo hice, al poner mi dedo dentro de uno de los vasos, sentí que estaba muy _____ y debí retirar mi mano rápidamente. Sin que el profesor se diera cuenta, hice correr el agua _____ de una de las llaves para disminuir el dolor que me había producido el agua _____ del vaso.

Cuando mi mamá me dio la bolsa del almuerzo, inmediatamente supe lo que era. El _____ _____ hizo que mi boca se hiciera agua. Pero lo mejor de todo era que junto a esto ella me había enviado una _____ manzana.

La música _____ suave mientras almorzábamos en el restaurante. De pronto pasó una ambulancia haciendo sonar su sirena, se oía tan fuerte que superaba el sonido de la música y no la podía _____.

Para practicar....

Mira las siguientes situaciones. Piensa y escribe sobre la línea una oración de lenguaje sensorial que represente la imagen. Compártelo con tu maestro(a) o tus compañeros(as) de clases.

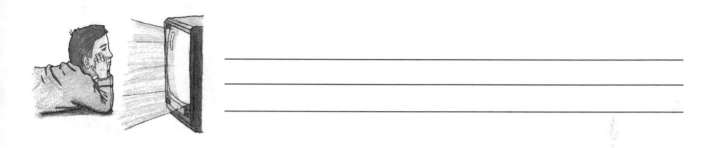

_____

_____

_____

_____

_____

_____

Felicitaciones, ahora eres un excelente creador de oraciones con lenguaje sensorial.

HECHO Y OPINIÓN

Hecho y opinión, es solo cuestión, de decir si es cierto o una sensación.
Los hechos son ciertos, los puedes probar, son siempre certeros, y siempre verdad.
En cambio si opinas es cosa fugaz, no todos lo piensan o sienten igual.
Por eso los hechos son inamovibles, mas las opiniones son imprevisibles.

No tienen luz propia la tierra y la luna, ese es un hecho sin duda alguna.
El ciclo del agua es un hecho cierto, lo puedes probar en experimento.
De líquido a gas, evaporación, se forman gotitas, es condensación.
Pueden ser gotitas, pueden ser granizos, pueden ser copitos de nieve, ¡qué rico!

En cambio si opinas yo te contradigo,
te gustan las peras, prefiero los higos.
No quiere decir que yo sea un experto,
es solo cuestión de gustos, ¿no es cierto?
Igual seguiremos siendo bien amigos,
pues las opiniones no hacen enemigos.
Hecho y opinión muy simples y amables,
unos son certeros, las otras variables.

Para estudiar y recordar

Hecho y Opinión

Hechos

Un **hecho** es un evento, dato o suceso que es innegable. En un hecho, el que lo emite, no deja ver sus creencias, juicios, gustos o disgustos personales, sino que describe o presenta los sucesos que son comprobables objetivamente y sin posibilidad de error. Por ejemplos son hechos las siguientes aseveraciones:

La tierra gira alrededor del sol.

Los perros son mamíferos.

La plantas y árboles fabrican su propio alimento a través de la fotosíntesis.

Opiniones

Una opinión, es una declaración en la que claramente se presenta el punto de vistas personal de quien la emite, la cual no necesariamente puede ser compartida por todas las personas. Pueden expresar las creencias, juicios, gustos o disgustos del autor, los cuales no se pueden comprobar que sean ciertos o válidos para los demás. Las siguientes declaraciones son ejemplos de opiniones:

La luna llena se ve hermosa cuando sale detrás de la montaña.

Las clases de escritura creativa son muy entretenidas y divertidas.

Los perros son los animales más inteligentes que existen.

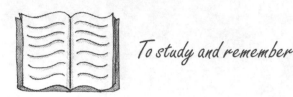

To study and remember

Fact and Opinion

Facts

A fact is an event or a date that is undeniable. With a fact, a person does not disregard their beliefs, judgments, likes, or distinct personalities, but rather, they describe or present the events that can be objectively tested and proven without possibility of error. For example, the following statements are facts:

The earth revolves around the sun.

Dogs are mammals.

Plants and trees produce their own nutrients through the process of photosynthesis.

Opinions

An opinion is a declaration in which the personal point of view of the person issuing the statement is clearly presented, although it may not necessarily be shared by everyone else. The author or speaker can express his or her beliefs, judgments, likes and dislikes, which cannot be proven to be true or valid for others. The following statements are examples of opinions:

The full moon is so beautiful when it appears from behind the mountains.

Creative writing classes are very entertaining and fun.

Dogs are the most intelligent animals that have ever existed.

Para recordar . . . .

Escribe una oración que indique un **hecho.**

```

```

Escribe una oración que indique una **opinión.**

```

```

Escribe en la línea al final de cada oración si ésta indica un hecho o una opinión.

El petroleo es un recurso natural del cual se fabrica la gasolina.

_____.

La selva tropical es uno de los ambientes naturales mas fascinantes.

_____.

Los alumnos dicen que la prueba STAAR de escritura es muy fácil.

_____.

El fútbol es un deporte que se juega con equipos de once jugadores.

_____.

Los ratones son animales que a nadie le gustan por su fea cola.

_____.

Para escribir y crear. . . .

Escribe oraciones que indiquen un hecho o una opinión según se te indique.

Opinión: _____
_____.

Opinión: _____
_____.

Hecho: _____
_____.

Hecho: _____
_____.

Opinión: _____
_____.

Hecho: _____
_____.

Opinión: _____
_____.

Hecho: _____
_____.

Para practicar....

Mira las siguientes ilustraciones. Piensa en lo que ves y escribe una oración que indique un hecho o una opinión. Escribe al menos tres hechos y tres opiniones. Compártelo con tu maestro(a) o tus compañeros(as) de clases.

_____

_____

_____

_____

_____

_____

Felicitaciones, ahora sabes la diferencia entre hecho y opinión.

CAUSA Y EFECTO

Si muchas ciruelas verdes te comiste, a sentarte al baño muy raudo corriste.
Y si las tareas de escuela no hiciste entonces un cero te lo mereciste.
Toda causa trae un efecto mi amigo, te lo explicaré si lees conmigo.
Escucha atento y pon atención, y en causa y efecto serás un campeón.

Todo lo que sube tiene que caer, dicen las personas que saben leer.
Si pones la mano cerca del calor, te vas a quemar, ardor y dolor.
Toda causa tiene un efecto, es la ley, no hay quien lo evite ni siquiera el rey.
Si ya lo leíste, pues ya lo entendiste, la ley de la causa y efecto persiste.

La causa es la nube, el efecto es la lluvia, con mucha atención esto así se estudia.
También tú lo puedes al revés estudiar, mirar el efecto y la causa hallar.
El foco encendido, la causa sabrás, es porque llegó la electricidad.
Y si tu hermano se enoja contigo, ¿será que tal vez ensuciaste su abrigo?

Causa y efecto o efecto y causa, para entenderlo haces una pausa,
Y cuando entre líneas uno sale a flote, el otro al ladito sale de rebote.
Ya está todo claro, con causa y efecto, las cosas resultan de modo perfecto.
Ahora practica la causa y efecto, si solo lo piensas encuentras ejemplos.

 *Para estudiar y recordar*

Causa y Efecto

La **causa** es el factor que provoca una reacción. El **efecto** es la prueba de que un factor ha provocado una reacción.

Veámoslo por separado.

Causa

Una **causa** es un factor o factores que provocan una reacción o desencadena uno o más eventos. Por ejemplo, una causa como las altas temperaturas atmosféricas puede provocar, o desencadenar, varios eventos que serían los efectos, como por ejemplo, la evaporación del agua, una sequía, un incendio forestal etc.

Efecto

Un **efecto** es la reacción, o reacciones provocadas por una causa. En otras palabras, un efecto es le prueba de la acción de un factor desencadenante, que sería la causa. Por ejemplo, el hecho de que un alumno sea sancionado con no ir a recreo, puede ser el efecto de no haber trabajado en la hora regular de clases o no haber hecho sus tareas en la casa.

Recuerda que una causa puede desencadenar más de un efecto, así como un efecto podría ocurrir por más de una causa.

Por ejemplo, **las bajas temperaturas**, más la **acumulación de humedad** de la atmósfera, pueden provocar una precipitación de nieve. Es decir, la nevazón es provocada por al menos dos causas en este ejemplo.

Por otro lado, si Pedrito **rompió el vidrio** del vecino jugando con una pelota, su mamá lo castiga dejándolo **sin ver televisión**, y además, tendrá que **pagar con sus ahorros** el vidrio quebrado. En este caso, la causa, quebrar el vidrio, provoco al menos dos efectos.

Las causas y efectos pueden escribirse en distinto orden en una oración. Por ejemplo:

Al recibir su regalo Carlos **estaba feliz**.

(Secuencia causa y efecto)

Carlos **estaba feliz** al **recibir su regalo** de cumpleaños.

(Secuencia efecto y causa)

To study and remember

Cause and Effect

A **cause** is a factor that produces a reaction. An **effect** is the proof that a factor has produced a reaction. Let's look at them separately.

Cause

A cause is a factor or group of factors that produce a reaction or trigger a chain of events. For example, a cause like high atmospheric temperatures can produce or trigger various events that would be the effects, like for example, the evaporation of water, a drought, forest fire, etc...

Effect

An effect is a reaction or reactions produced by a cause. In other words, an effect is the proof of an action triggered by an event, which would be the cause. For example, the act of a student being prohibited from going out to recess may be the effect of the student not working during regular class hours or the student not doing his homework.

Remember that a cause can trigger more than just one effect, just like one effect may be the result of multiple causes.

For example, **low temperatures**, coupled with **a high level of humidity** in the atmosphere, may result in snowfall. That is to the say, the snowfall is produced by at least two causes in this example.

On the other hand, if Peter **broke the neighbor's window** playing with his ball, his mother punished him by **taking away his television privileges**, and on top of that, he is going to have to **pay the window repair with his allowance money**. In this case, breaking the window produced at least two effects.

Causes and effects in a sentence can be written in different ways. For example:

After he received his present, Carlos **was happy**.

(sequence: cause and effect)

Carlos **was happy** when he **received his birthday present**.

(sequence: effect and cause)

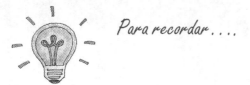

Para recordar....

Escribe una oración que indique una relación de **causa y efecto.**

```


```

Escribe una oración que indique una relación de **efecto y causa.**

```


```

Escribe debajo de las palabras subrayadas una **C** *si es* **causa** *y una* **E** *si es* **efecto.**

Los caballos **corrieron en estampida** al **sentir el estruendo de los rayos** durante la tormenta.

Al **quemarse el pan en el horno,** todos supieron que **pasarían hambre** esa tarde.

Cuando repentinamente se **apagó la luz,** la gente **comenzó a retirarse** a sus casas

Los hinchas del club América **estaban enojados** al **perder con Las Chivas de Guadalajara.**

Por la **lluvia y el frío** aquella noche, **nadie quería salir a buscar leña** para la chimenea.

Como **llegué atrasado al cine** aquella tarde, **no pudimos ver la película** y **mi esposa se enojó.**

Para escribir y crear . . . .

Escribe oraciones que indiquen una relación de **causa y efecto** *en el orden que se indica*

Causa y efecto: _____
_____.

Causa y efecto: _____
_____.

Efecto y causa: _____
_____.

Efecto y causa: _____
_____.

Causa y efecto: _____
_____.

Efecto y causa: _____
_____.

Causa y efecto: _____
_____.

Efecto y causa: _____
_____.

Para practicar . . . .

Mira las siguientes ilustraciones. Piensa en lo que ves y escribe una oración que indique una relación de **causa y efecto.** *Escribe al menos dos en la dirección causa y efecto y dos en la dirección efecto y causa. Compártelo con tu maestro(a) o tus compañeros(as) de clases.*

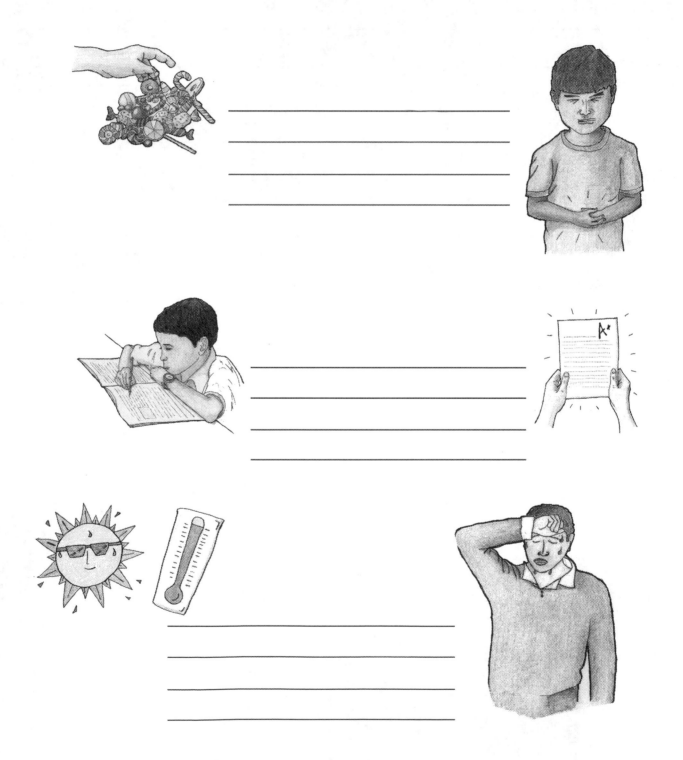

Dibuja una situación que indique causa y efecto

Felicitaciones, ahora sabes usar identificar muy bien la relación de causa y efecto.

ONOMATOPEYA

Onomatopeya extraña palabra,
le dijo Perlita a la maestra Laura.
Escucha mi niña con mucha atención,
verás que es muy fácil, como una canción
¡Talán! la campana, ¡tic-tac! el reloj,
¡co-co! la gallina, ¡pun-pum! el tambor.
¡Guau-guau! el perrito, ¡cuac-cuac! los patitos,
¡miau-maiu! el gatito, ¡pio-pio! los pollitos.

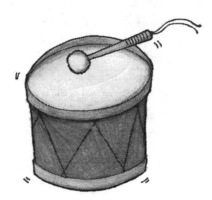

¡Oh si ya lo entiendo! Es fácil decirlo,
onomatopeya, también escribirlo.
¡Ja-ja! rie el niño, ¡je-je! los payasos,
¡bu-buuuu! la llorona, ¡aaah-aaah!, la gritona.
Es entretenida la onomatopeya, es solo decirlo,
que cosa más bella.
¡Tín-tín! las monedas al caer al suelo,
¡flap-flap! la lechuza al alzar el vuelo.

Muy bien entendiste, dice la maestra,
ahora practica y serás una experta.
Si escuchas la puerta te suena ¡toc-toc!,
y los caballitos trotando ¡clop-clop!
¡Oinc-oinc! muy contentos
conversan los puercos,
¡beee-beee! las ovejas saltando los cercos.
Y ahora mi niña, ya sabes decir,
escucha sonidos y ponte a escribir.

Mil gracias maestra por su explicación,
ahora lo entiendo, muy contenta estoy.
¡Clap-clap! el aplauso, ¡Zzzzzz Zzzzzz! dormilón,
¡Grrrrr! suena el rugido del fiero león.
¡Tipiti-tipati! la lluvia al caer,
bajo mi paraguas me debo esconder.
¿Qué es eso que suena al ritmo y al son?
¡Tum-tum! ¡yá lo escucho, es mi corazón!

Para estudiar y recordar

Onomatopeya

La palabra *onomatopeya* proviene del latín *onomatopoeia* y se refiere al uso escrito u oral de una palabra, o un grupo de palabras, que al ser escritas o pronunciadas imitan el sonido de lo que quiere describir, ya sea una acción realizada o un objeto visual. El uso de onomatopeya enriquece el mensaje que se quiere comunicar al darle un énfasis y matiz que con palabras usuales no se podría lograr. Distinto es decir que una campana suena "tin-tin" a decir que suena "bong-bong". En el primer caso es obvio que se trata de una campana pequeña, mientras en el segundo caso de una campana grande o un gong. La onomatopeya es libre de decirse o escribirse según la interpretación del autor, aunque debe hacer sentir a la audiencia cierta lógica en su descripción. Por ejemplo, si se describe el caminar de una persona por un piso de madera, lo lógico sería describirlo como "tap-tap-tap", "tac-tac-tac", "pom-pom-pom" o cualquier forma que imite o interprete en forma lógica ese sonido. Pero si el autor escribe o dice, para ese caso, "splash, splash, splash" o zuing-zuing-zuing", la audiencia no entenderá bien la relación entre onomatopeya usada y objeto o acción descrita.

Debido a diferencias fonéticas, es decir de la articulación de sonidos, la onomatopeya puede diferir de un idioma a otro, aunque interpreten una misma acción o sonido. Sin embargo, al escucharla o leerla pueden sonar exactamente igual. Por ejemplo el sonido de un rayo, en una tormenta, en castellano puede sonar "Bruuuuuum", mientras en inglés puede escribirse "Brwwwooommm" que al pronunciarse suenan casi idénticos.

To Study and Remember

<u>Onomatopoeia</u>

The word *onomatopoeia* comes from the Latin word *onomatopoeia*, and it refers to the written or oral use of a word or group of words that when written or pronounced, mimic the sound of whatever they are describing, whether it's a realized action or a visual object. The use of onomatopoeia enriches the message that is being given because it gives it emphasis and color that normal, ordinary words could not achieve. It causes a very different effect to say that a bell rings, "tin-tin," as opposed to saying it rings, "bong-bong." In the first case, it's obvious that it's a small bell, while in the second case, it's obvious it's a big bell or a gong. An author is free to use onomatopoeia in description according to his or her own interpretation, although the audience should be able to follow the logic of the description. For example, if an author describes a person walking across a wood floor, it would be logical to describe the person's steps as a "tap-tap-tap" or "tac-tac-tac" or "stomp-stomp-stomp" or whatever other words that would fit the sound on a wooden floor. But if the author were to use "splash-splash-splash" or "zing, zing, zing" in that case, the audience would not understand the onomatopoeia used in relation to the situation being described.

Because of different phonetics, or the written expression of sound, onomatopoeia words may differ between one culture to another, even if they are describing the same sound. However, when reading the phonetics, it should result in hearing the same sounds. For example, the sound of a lightening bolt in a storm is written "Bruuuum!" in Castilian Spanish; however, in English, it's usually written "Brwwoomm!" When you say them, though, the sound is exactly the same

 *Para practicar....*

Contesta las siguientes preguntas

¿De qué idioma proviene la palabra onomatopeya y que significa en su idioma de origen?

¿Para qué se usa la onomatopeya?

¿Todas las acciones u objetos descritos onomatopéyicamente deben ser iguales?

¿Por qué los sonidos onomatopéyicos son diferentes en los distintos idiomas?

Para escribir y crear....

Crea un sonido onomatopéyico y escríbelo en los espacios con líneas, en la siguientes historia.

Constanza despertó con el "_____" del reloj sobre su velador, junto a su cama. Miró por la ventana de su cuarto y vio, a la distancia, la pradera que se perdía a lo lejos. Los primero rayos de sol con su luz tenue pintaban las nubes con tonos anaranjados, rojos y púrpuras. "_____". Se escuchaba a la distancia el mugir de las vacas, que lentamente salían del corral dirigiéndose a la pradera. De pronto, Constanza se dio cuenta que los minutos habían pasado rápido y que si no se daba prisa llegaría tarde a la escuela. Rápidamente se dio un baño de agua tibia, se vistió, puso la cajita de música envuelta en un lindo papel de regalo dentro de su mochila y bajó a la cocina, donde su mamá preparaba el desayuno. Respirando profundo con un"_____" sintió el aroma a chocolate caliente y escuchó el "_____" del chirrido de las salchichas friéndose sobre la cocina a leña. Ese hogareño ambiente de casa de campo le despertó el apetito. De pronto, escuchó el familiar "_____" de las campanillas que colgaban de la puerta de la cocina, las que sonaban musicalmente cuando alguien entraba. Su padre apareció en la puerta y se sacó la chaqueta que traía algunos copos de nieve sobre los hombros. Dos fuertes "_____-_____" se escucharon cuando su padre se sacudió las botas sobre un tapete que tenía una malla metálica sobre él, y que servía para sacarse el barro al entrar. Su padre tomó inmediatamente una escoba y con un rápido "¡_____!" barrió el barro húmedo que había ensuciado la entrada de la cocina. Lo puso dentro de una bolsa plástica y lo arrojó a la basura.

-Es una fría mañana,-dijo su padre- debes abrigarte antes de salir Conti (ese era el apodo que su padre usaba cuando le hablaba con cariño).

-¡_____!-, suspiró Constanza al mirar por la ventana y ver que había escarcha en el jardín. —Gracias por avisarme papá-, dijo ella, -tendré cuidado y me abrigaré.

"_____" hizo sonar el último sorbo de leche con chocolate caliente, se puso su chaqueta, bufanda y guantes, tomó su mochila y se preparó para salir. Justo en ese momento escuchó el ¡_____ ¡ de los frenos del bus escolar que venía por ella. Se despidió con un beso de su mamá y papá y salió rápidamente en dirección al bus. Mientras caminaba escuchaba el agradable sonido ¡_____-_____-_____ ¡ de la frágil escarcha que se quebraba bajo sus pies. Subió al bus, se sentó junto a su amiga Vivian y con una gran sonrisa le dijo, -¡Apuesto que no sabes la sorpresa que tengo hoy para ti!

Para practicar....

Mira las siguientes situaciones. Piensa y pronuncia un sonido onomatopéyico y luego escríbelo. Compártelo con tu maestro(a) o tus compañeros(as) de clases.

_____

Felicitaciones, ahora eres un excelente creador de sonidos onomatopéyicos.

IDEAS PARALELAS

Dos cosas que pasan al mismo momento, ideas paralelas las dices contento.
Son dos las ideas y son paralelas, mientras cantas algo, alumbran las velas.
Hay palabras claves que puedes usar, para las ideas poder conectar.
Algunos ejemplos ahora verás, y si los estudias los entenderás.

Mientras mi papá se limpia la mancha, mi mami prepara un pescado a la plancha.
O cuando mi hermana ve tele en la sala, yo mato las moscas por feas y malas.
Así dos ideas tu fácil conectas, usando palabras te quedan perfectas.
Las palabras "cuando" o "mientras" son claves, para conectar ideas, ya sabes.

Mientras me bañaba, mi hermano cantaba, cuando en la cocina mamá cocinaba.
Hay algo importante que debes captar, usando una coma debes separar,
Así cada hecho es cosa distinta, es un hecho aparte la coma lo pinta.
Ideas paralelas es cosa sabida, mientras tú lo estudias, yo tomo bebida.

Para estudiar y recordar

Las ideas paralelas son dos o más eventos que ocurren simultáneamente, es decir, al mismo tiempo, en un relato o narrativa. Hay palabras claves que nos ayudan a identificar esas ideas paralelas, como por ejemplo "mientras" y "cuando". La importancia de las ideas paralelas es que ayudan al lector a poner puntos de referencia en el tiempo y en el espacio, es decir el ambiente, y así ir creando imágenes mentales, estructuras y secuencias de eventos, etc.

Por ejemplo, en la siguiente figura podríamos describir la siguiente situación usando ideas paralelas:

Cuando mi abuelo tocaba piano en la sala, yo me estaba quedando dormido de aburrimiento.

En este ejemplo la palabra **"*cuando*"** indica que hay dos hechos están ocurriendo al mismo tiempo.

Mientras yo escribía una historia narrativa para mi tarea de la escuela, mi hermano Pepe barría las hojas en el jardín.

En este ejemplo, la palabra **"*mientras*"** indica que hay dos eventos en curso simultáneamente.

To Study and Remember

Parallel ideas are two or more events that occur simultaneously, which is to say, at the same time in a story or an account. There are key words that help us identify these parallel ideas, such as "while" or "when." The importance of parallel ideas is that they help the reader to put points of reference in the time or setting, allowing the reader to create mental images, structures, sequences of events, etc...

For example, we can describe the situations in the following pictures using parallel ideas:

When my grandfather was playing piano in the living room, I was falling asleep from boredom in the bedroom at the same time.

In this example, the word "when" indicates that two things are happening at the same time.

While I was writing a nonfiction story for my homework assignment, my brother Pepe was raking leaves in the garden.

In this example, the word "while" indicates two ongoing events happening simultaneously.

Para recordar . . . .

Escribe una oración que indique dos hechos que ocurren paralelamente, usando la palabra *"mientras"*.

Escribe una oración que indique dos hechos que ocurren paralelamente, usando la palabra *"cuando"*.

Escribe una oración que indique dos hechos que ocurren paralelamente, usando la palabra *"mientras"*.

Escribe una oración que indique dos hechos que ocurren paralelamente, usando la palabra *"cuando"*.

Para practicar

Escribe una idea paralela en la línea. Usa **mientras** o **cuando** para indicar el paralelismo.

1. Mi hermano veía televisión _____
   _____

2. _____
   _____ mi papá leía el perdiódico.

3. Los soldados desembarcaban en la playa _____
   _____

4. El profesor entró al salón de clases justo _____
   _____

5. El perro saltó la alambrada _____
   _____

Para escribir y crear . . . .

Escribe oraciones que indiquen ideas paralelas.

Para practicar....

Mira las siguientes ilustraciones. Piensa en lo que ves y escribe oraciones que indiquen ideas paralelas. Compártelo con tu maestro(a) o tus compañeros(as) de clases.

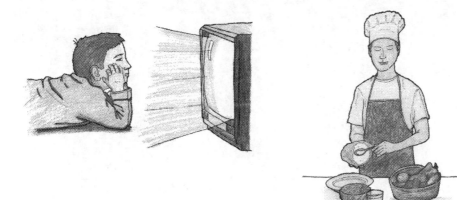

Felicitaciones, ahora sabes usar e identificar muy bien ideas paralelas.

ORACIONES SIGNIFICATIVAS

¿Quién? ¿Qué? ¿cuándo? ¿dónde? ¿cómo? ¿por qué?

Hay las oraciones que pueden ser cortas, otras son muy largas pero eso no importa.
Son las oraciones significativas, te dan las ideas comunicativas.
El ¿quién?, o el ¿qué?, el ¿cuándo?, el ¿dónde?, te lo dicen todo, nada se lo esconden.

También está el ¿cómo?, o de algo el ¿por qué?, ideas completas, lo entiendo, lo sé.

El ¿quién? es sujeto, persona o cosa, también la ciudad o la niña hermosa.
El resto lo indicas con el predicado, este es un poquito más largo, cuidado.
Todo lo que es o hace el sujeto, con el predicado lo dejas completo.
Por eso escribir es siempre un placer, si usas las partes con buen entender.

El ¿qué es? o ¿qué hace? completa el sujeto, el ¿cuándo? te indica el tiempo completo.
El ¿dónde? te dice el lugar que ocurrió, el hecho, el evento, el lugar indicó.
El ¿cómo? te explica el modo de acción, la forma en que un hecho así ocurrió.
También el ¿por qué? te dice razones, y así tu completas largas oraciones.

Así tú ya sabes, ¿significativa? y si está incompleta lo ves desde arriba.
Escribe y practica estos componentes, y tendrás historias que son sorprendentes.
Esto no es difícil, menos complicado, la cosa es hacerlo con mucho cuidado.
Ahora a escribir, lápiz y papel, si lo haces muy bien te doy un pastel.

Mira el siguiente modelo de construcción de una oración significativa

¿Quién?	La ardilla
¿Qué?	Recoge bellotas
¿Dónde?	En el parque
¿Cuándo?	Cada mañana
¿Cómo?	Esforzadamente
¿Por qué?	Debe guardar alimentos para el frío invierno.

Mi oración significativa

La ardilla recoge bellotas esforzadamente cada mañana en el parque, porque debe guardar alimentos para el frío invierno.

En una oración significativa algunos de los componentes pueden cambiar de orden dentro de la oración, para efectos de énfasis o importancia de la información que se quiere dar.

Por ejemplo en la oración anterior si se quiere enfatizar que la ardilla recoge bellotas en la *mañana* en lugar de la *tarde* la oración podría escribirse así:

En la mañana, la ardilla recoge bellotas esforzadamente en el parque, porque debe guardar alimentos para el frío invierno.

Si se quiere dar importancia al hecho de que la ardilla recoge bellotas *esforzadamente*, para dar a entender que es un animalito trabajador se podría escribir así:

Esforzadamente, la ardilla recoge bellotas en la mañana en el parque, porque debe guardar alimentos para el frío invierno.

Examine the following model of constructing a meaningful sentence correctly.

Who?	The squirrel
What?	He's picking up acorns
Where?	In the park
When?	Every morning
How?	Industriously
Why?	He needs to store food now for the upcoming cold winter

MY MEANINGFUL SENTENCE:

The squirrel industriously picks up acorns every morning in the park, because he has to store food for upcoming cold winter.

In a meaningful sentence, the order of certain elements may be switched around for the sake of emphasis or importance.

For example, if you wanted to emphasize that the squirrel picks up acorns in the morning rather than in the evening, the sentence could be written like this:

Every morning, the squirrel industriously picks up acorns in the park, because he has to store food for upcoming cold winter.

If you want to emphasize the act of industriously gathering acorns to show the squirrel is a hard worker, you can write the sentence like this:

Industriously, the squirrel picks up acorns every morning in the park, because he has to store food for upcoming cold winter.

Para practicar....

Ahora piensa en algunas situaciones y escribe los componentes de la oración significativa que quieras escribir y luego escribe tu oración en el rectángulo de abajo. Si deseas puedes hacer un dibujo de la oración.

¿Quién?	
¿Qué?	
¿Dónde?	
¿Cuándo?	
¿Cómo?	
¿Por qué?	

Mi oración significativa

¿Quién?	
¿Qué?	
¿Dónde?	
¿Cuándo?	
¿Cómo?	
¿Por qué?	

Mi oración significativa

¿Quién?	
¿Qué?	
¿Dónde?	
¿Cuándo?	
¿Cómo?	
¿Por qué?	

Mi oración significativa

Ahora al revés. Escribe los componentes de la oración significativa del rectángulo.

Mi oración significativa

El gigante subió por la montaña, aquella mañana, muy enojado porque había perdido su espada.

¿Quién?	
¿Qué?	
¿Dónde?	
¿Cuándo?	
¿Cómo?	
¿Por qué?	

Mi oración significativa

Los lobos salieron ferozmente de la cueva esa fría noche a buscar alimento porque no habían comido por tres días seguidos.

¿Quién?	
¿Qué?	
¿Dónde?	
¿Cuándo?	
¿Cómo?	
¿Por qué?	

Mi oración significativa

Las nubes viajan cada día por el cielo azul, apaciblemente empujadas por el viento.

¿Quién?	
¿Qué?	
¿Dónde?	
¿Cuándo?	
¿Cómo?	
¿Por qué?	

Mi oración significativa

Mi amigo Ramón juega fútbol alegremente todos los domingos en el parque frente a su casa porque le gustan los deportes.

¿Quién?	
¿Qué?	
¿Dónde?	
¿Cuándo?	
¿Cómo?	
¿Por qué?	

Para escribir y crear . . . .

Mira los siguientes dibujos y escribe una oración significativa.

_____
_____
_____

_____
_____
_____